Geschichten für kleine Schlafmützen

Inhalt:

Aus dem Englischen übertragen von Regina S. Roßdeutscher

Bilder von Gerry Embleton

PESTALOZZI-VERLAG, D 8520 ERLANGEN

Fünf fröhliche Matrosen

„Ich rudere mal eine Runde durch die Bucht", sagte der Matrose Hans eines Nachmittags, als er sich langweilte. „Ich komme auch mit", sagte der Matrose Heiner. „Ich auch!" riefen Herbert, Horst und Helmut. Bald saßen alle im Boot.

Jeder nahm ein langes Ruder, und mit langen, gleichmäßigen Schlägen ruderten sie aufs Meer hinaus. Dabei sangen sie lustige Seemannslieder.
„Seemann, wo ist deine Heimat......" sangen sie, und die Möwen kreisten über ihnen.

Die fünf fröhlichen Matrosen waren so in ihren Gesang und in das gleichmäßige Rudern vertieft, daß sie vergaßen, auf etwas sehr Wichtiges zu achten. Sie vergaßen, sich die eingeschlagene Richtung zu merken. Keiner dachte daran, die nötigen Ruderkommandos zu geben, wie „alle Mann links" oder „alle Mann rechts" – sie ruderten alle einfach geradeaus! Soweit das Auge reichte, waren bald nur noch schaukelnde Wellen zu sehen. „Keine Sorge, meine Freunde", sagte Hans, „ich weiß, wo wir sind." Aber als er den Horizont absuchte, war von der Bucht nichts mehr zu sehen. „Rudert nach rechts!" kommandierte er, um sich und den Freunden Mut zu machen. Der Befehl wurde ausgeführt. Aber nach einer halben Stunde war noch immer kein Land zu sehen. Hans murmelte etwas von einem kleinen Irrtum und gab das Kommando, nach links zu rudern. „Der weiß auch nicht, was er will", knurrte Heiner. Seine Arme taten ihm weh und vor seinen Augen drehte sich alles. Auch die anderen zweifelten nun an Hansens Fähigkeiten und in ihrer Verwirrung fingen sie an, die gegensätzlichsten Befehle zu erteilen. Einige ruderten nach rechts, die anderen nach links. Das Boot fuhr zickzack über das Meer wie ein angeschossener Hase, manchmal drehte es sich auch einfach im Kreise. „Wenn wir nicht bald an Land gehen, werde ich seekrank", maulte Horst. „Land in Sicht!" rief Hans plötzlich. Er deutete auf eine winzige Insel, die aus dem Nichts aufgetaucht war. „Das ist eine Insel, die da gar nicht sein dürfte", sagte Helmut, der sich in solchen

Sachen auskannte. Aber niemand hörte auf ihn. Mit eiligen Schlägen ruderten sie darauf zu. Auch als sie näher kamen, wurde die Insel nicht größer. Sie entpuppte sich als eine klitzekleine, kahle, unbewachsene Insel. Aber es war Land, und sie konnten endlich ihre steifen, schmerzenden Beine ausstrecken. „Zehn Minuten Landurlaub für alle", sagte Hans. Heiner stieg als letzter aus, und da er das Boot nirgends anbinden konnte, behielt er das Halteseil in der Hand; sonst hätte das Boot ja abtreiben können. Die anderen vier wären gerne auf Entdeckungsreise gegangen, aber auf der Insel gab es wirklich nichts zu entdecken. Aus lauter Langeweile sangen sie ein weiteres Seemannslied und schlugen mit den Füßen den Takt dazu. „Uuiiih.... was ist das?" schrie Herbert plötzlich, als sich die Insel bewegte. „Ein Erdbeben!" schrie Heiner und versuchte, auf die Füße zu kommen. In seiner Angst hätte er beinahe das Halteseil des Bootes losgelassen. Aber obwohl die fünf Matrosen kräftig durchgeschüttelt wurden, war es doch kein Erdbeben.

Die Insel war... aufgewacht! Und die Insel war keine Insel! Sie waren auf dem Rücken eines schlafenden Wales gelandet. Der Taktschlag ihrer Füße hatte ihn wachgekitzelt. Der Wal blinzelte mit einem Auge, um zu sehen, was da los war. Aha! Sollte er kurz untertauchen – so zum Spaß?

Aber dann entschloß er sich, mit den Menschlein auf seinem Rücken einmal ein bißchen herumzuschwimmen. Mit „voller Kraft voraus" ging es los. Die fünf Matrosen hatten Mühe, nicht herunterzufallen – besonders Heiner, der noch immer das Halteseil des Bootes umklammerte und nicht loslassen wollte.

In ihrer Panik bemerkten die fünf Freunde gar nicht, daß wieder Land in Sicht kam. Der Wal behielt sein Tempo bei bis ungefähr hundert Meter vor der Küste, dann stoppte er so plötzlich wie er losgeschwommen war. „Alle Mann ins Boot!" schrie Hans. „So eine Gelegenheit kommt nicht wieder!" Er strengte sich umsonst an – seine Freunde waren schon von selbst ins Boot gekullert. Dort lagen sie nun in einem wüsten Haufen durcheinander. Ein Glück, daß sie die Ruder nicht verloren hatten! Bald saß jeder an seinem Platz und ruderte aus Leibeskräften auf das Ufer zu – und diesmal achteten sie genau auf die eingeschlagene Richtung. Erst als sie sicher gelandet waren, wagten sie einen Blick zurück. Der Wal blies eine Wasserfontäne in die Luft, als Gruß für Hans, Heiner, Herbert, Horst und Helmut, dann schwamm er ins Meer zurück.

Die gelbe Farbe

An einem sonnigen Nachmittag schlenderte Paulchen Grün über die große Wiese bei der Stadt – ei, was entdeckte er da? Einen großen Farbtopf mit gelber Farbe und einen Pinsel! Der Pinsel lag quer über dem Farbtopf und von seinen Borsten tropfte die Farbe – gerade so, als hätte eben noch jemand damit gemalt. Aber sosehr sich Paulchen auch umsah, er konnte niemanden entdecken. „Na, so was", wunderte sich der Junge, „Farbtöpfe stehen doch nicht einfach so herum! Sonst ist doch immer jemand dabei, der darauf aufpaßt. Der Topf könnte ja umfallen oder gestohlen werden – oder jemand könnte die Farbe benützen!" Paulchen beschloß, auf den Besitzer des Farbtopfes zu warten. Vielleicht würde er Paulchen ein wenig beim Anstreichen helfen lassen. Er wartete zwei Minuten. Er wartete fünf Minuten. Er wartete zehn Minuten. Je länger er wartete, desto mehr juckten ihn die Finger, endlich den Pinsel in die Farbe zu tauchen. Die Farbe war gelb wie Butterblumen. Paulchen nahm den Pinsel in die Hand und tauchte ihn in die Farbe; dann sah er sich um, was er damit anmalen könnte. Aber ringsumher sah er nur Gras und Blumen. Es mußte doch etwas zum Anmalen geben! Dann sah er auf seine Füße hinunter.

Wie schön müßten gelbe Schuhbänder aussehen! dachte er. Schwipp-schwapp machte der Pinsel. Der Pinsel war dick und die Schuhbänder waren dünn. Paulchen wollte gelbe Schuhbänder auf braunen Schuhen – nun hatte er gelbe Schuhbänder auf einem gelben Schuh. Ich werde auch den anderen anmalen, dachte er.

Er sah nicht, daß auf dem Rande des Farbtopfes plötzlich ein kleiner Mann stand – ein Mann, nicht größer als sein Arm. Er war ein Butterblumenmaler und die Farbe gehörte ihm; sie war ausschließlich für Butterblumen bestimmt! Böse Buben, die seine Farbe stahlen, konnte der Mann nicht leiden.

„Male...Pinsel...male!" rief er, so laut er konnte. Es klang wie das Wispern des Windes – gerade noch so, daß Paulchen es hören konnte. Der Bub riß die Augen auf, aber er konnte noch immer nichts entdecken. Plötzlich tauchte sich der Pinsel von ganz alleine in die Farbe und begann zu malen. „Hilfe!" rief Paulchen. Er wollte den Pinsel fallen lassen, aber der Pinsel ging nicht ab. Seine Finger wurden von einer fremden Kraft daran festgehalten. Immer wieder tauchte der Pinsel in die Farbe, und Paulchen mußte jede Bewegung mitmachen. Bald wurde er lang gezogen wie ein Giraffenhals, um die Blätter an einem Baum zu bemalen, bald saß er auf die Erde gekauert und malte ein Gesicht auf einen Stein. Paulchen war vor Schreck wie gelähmt, aber das half ihm nichts; der Pinsel zog ihn hierhin und dorthin.

„Was machst du mit meiner Farbe?" wisperte die Stimme wieder. „Nichts... ich tue ja gar nichts!" schrie Paulchen, der gerade spiralförmig um einen Baumstamm gezogen wurde – denn der Pinsel malte eine gelbe Spirale den Baumstamm hinauf. „Der Pinsel tut alles!" – „Unsinn! Du hast doch den Pinsel in deiner Hand", wisperte die Stimme. „Aber ich kann ihn nicht loslassen!" jammerte Paulchen. Er versuchte, den Pinsel aus der Hand zu schütteln, aber der Pinsel schüttelte ihn, bis er wabbelte wie ein Wackelpudding. Aus dem Pinsel sprühten Farbtröpfchen, aber wie durch Zauberei machten die Tröpfchen alle in der Luft kehrt und landeten auf Paulchen. Bald war der Bub über und über mit gelben Sommersprossen bedeckt. „Dinge, die einem nicht gehören, sollte man eben nicht anfassen", wisperte die Stimme. „O,o,o", stöhnte Paulchen, „ich will es nie, nie wieder tun!" Und er meinte es ernst. „Laß los, Pinsel", sagte die Stimme, als spräche sie zu einem dressierten Hund. Der Pinsel ließ los – Paulchens Hand war wieder frei. Der Pinsel aber begann in aller Ruhe – so, als wäre nichts gewesen – ein paar Butterblumen gelb anzumalen... und niemand führte ihn.

Paulchen rannte davon, als wäre ein Schwarm Bienen hinter ihm her. Unterwegs verlor er die gelben Sommersprossen und die gelben Schuhe. Seltsamerweise waren auch die Flecken auf seinen Kleidern verschwunden, als er zu Hause ankam. So wollte ihm niemand sein Erlebnis mit dem Zauberpinsel glauben. Paulchen aber faßte nie mehr Dinge an, die ihm nicht gehörten.

Das kleine, rote Hühnchen

Das kleine, rote Hühnchen lebte auf einem Bauernhof. Fast den ganzen Tag scharrte es mit seinen Füßen in der Erde, denn es suchte nach Futter. Eines Tages fand es ein paar Weizenkörner. Gerade wollte es sie aufpicken, da hatte es eine Idee. Es wollte aus den acht Weizenkörnern einen Laib Brot machen.

„Wer will mir helfen, diesen Weizen zu säen?" fragte das kleine, rote Hühnchen. „Ich nicht", sagte die Ente. „Ich will gerade schwimmen gehen." – „Ich nicht", sagte das Schwein, „ich will mich gerade im Schlamm wälzen." – „Ich nicht", sagte die Katze, „ich will mich gerade in die Sonne legen." – „Dann werde ich es alleine tun", sagte das kleine, rote Hühnchen und legte die Körner in die Erde.

Es dauerte nicht lange, da spitzen acht grüne Halme aus der Erde. Die Halme öffneten sich zu Blättern, dann schoben sich Stengel heraus, die höher und höher wuchsen. Die kleinen, grünen Knospen wurden zu dicken, gelben Ähren. Eines Tages konnte der Weizen geerntet werden. „Wer hilft mir bei der Ernte?" fragte das kleine, rote Hühnchen. „Ich nicht", sagte die Ente, „ich will gerade schwimmen gehen." – „Ich nicht", sagte das Schwein, „ich will mich gerade im Schlamm wälzen." – „Ich nicht", sagte die Katze, „ich will mich gerade in die Sonne legen." – „Dann werde ich es alleine tun", sagte das kleine, rote Hühnchen und tat es.

„Wer hilft mir beim Mahlen des Mehles?" fragte das kleine, rote Hühnchen. „Ich nicht", sagte die Ente,„ich will gerade schwimmen gehen." – „Ich nicht", sagte das Schwein, „ich will mich gerade im Schlamm wälzen." – „Ich nicht", sagte die Katze, „ich will mich gerade in die Sonne legen." – „Dann werde ich es alleine tun", sagte das kleine, rote Hühnchen und tat es.

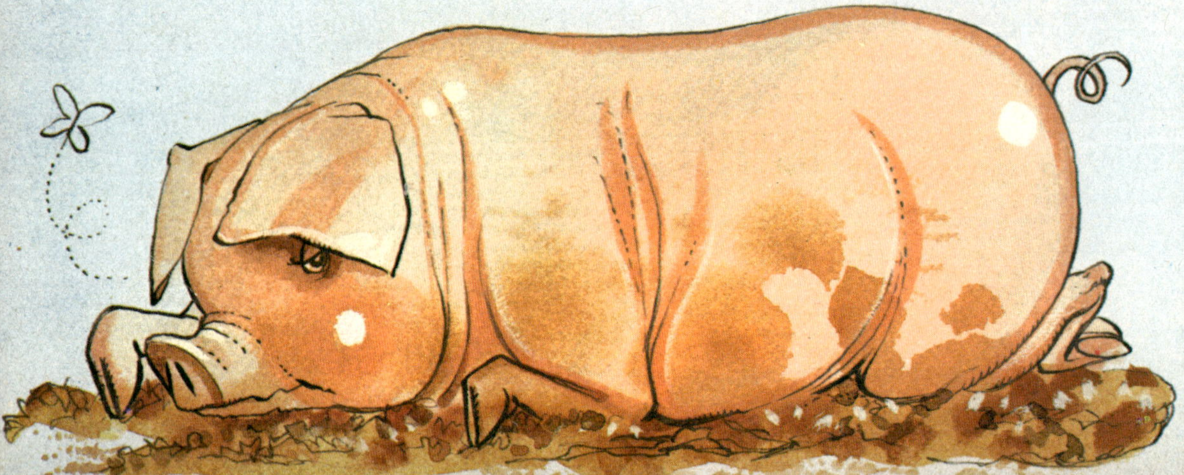

„Wer hilft mir beim Backen des Brotes?" fragte das kleine, rote Hühnchen. „Ich nicht", sagte die Ente, „ich will gerade schwimmen gehen." – „Ich nicht", sagte das Schwein, „ich will mich gerade im Schlamm wälzen." – „Ich nicht", sagte die Katze, „ich will mich gerade in die Sonne legen." – „Dann werde ich es alleine tun", sagte das kleine, rote Hühnchen und tat es.

Das Korn war zu Mehl zerrieben und aus dem Mehl war herrliches, duftendes Brot gebacken. „Wer will mir beim Essen des Brotes helfen?" fragte das kleine, rote Hühnchen. „Ich", sagte die Ente, „ich habe heute keine Lust zum Schwimmen." – „Ich", sagte das Schwein, „ich habe heute keine Lust, mich im Schlamm zu wälzen." – „Ich", sagte die Katze, „ich mag mich heute nicht in die Sonne legen." – „Das könnte euch so passen", sagte das kleine, rote Hühnchen. „Ich habe die Körner gefunden und habe sie gepflanzt. Ich habe das Korn geerntet und zu Mehl zerrieben und ich habe das Brot gebacken. Also werde ich es jetzt auch alleine essen." Und das tat es.

Wie der König um seinen Nachmittagstee kam

Der kleine Peter hatte eine zahme weiße Maus. Sie hatte eine kleine rosa Nase, rosa Pfötchen und einen langen rosa Schwanz; und sie wohnte in Klein-Peters Jackentasche. Klein-Peter war Küchenjunge im Schloß auf dem Berg. Er erledigte Botengänge,füllte die Milchkrügchen und polierte die silbernen Löffel. Er hatte viel Arbeit, aber ab und zu blieb ihm ein wenig Zeit, mit seinem Mäuschen Kunibert zu spielen. Da niemand etwas von dem Mäuschen in Klein-Peters Tasche wußte, regte sich auch niemand darüber auf. Du kannst sicher sein, wenn sie etwas gewußt hätten, das wäre eine Aufregung gewesen! Köche können Mäuse nicht leiden. Sie haben Angst, daß die Mäuse über ihre weißen Schürzen laufen und unter ihre weißen Mützen kriechen. Außerdem haben sie Angst, daß sie die Eßwaren anknabbern. Jeden Tag freute sich der König auf seinen Nachmittagstee, wozu ihm die herrlichsten Torten serviert wurden. Eines Nachmittags, als alle Köche damit beschäftigt waren, den Nachmittagstee für den König zu bereiten, spielte Klein-Peter mit seiner Maus.

Vorsichtshalber war er unter den Tisch gekrochen und hatte sich hinter dem langen, weißen Tischtuch versteckt. Als Kunibert die vielen Füße um den Tisch herum sah, geriet er in Panik. „Bleib hier!" flüsterte Klein-Peter, aber es war zu spät. „Iiih!" kreischte einer der Köche, „eine Maus!"

Er sprang auf den Tisch und landete in einer Schüssel mit Karamelsoße. „Iiiih!" kreischten nun auch die anderen Köche. Einer nach dem anderen landete auf dem Tisch, einer in der Sahneschüssel, der andere in der Torte. Was wird der König nur zum Tee bekommen? fragte sich Klein-Peter.

„Seid nicht kindisch", sagte Klein-Peter. „Es ist doch nur eine kleine Maus. Mit eurem Geschrei werdet ihr sie noch mehr erschrecken." – „Bist du schuld an all dem, Junge?" fragte der Chefkoch, der mit einem Fuß im Schokoladenpudding stand und mit dem anderen in der Kirschtorte. Klein-Peter zögerte. „Nun....die Maus gehört mir", sagte er. „DANN NIMM SIE WEG!" brüllte der Chefkoch. „J....j....ja", stammelte Klein-Peter. Aber es ist gar nicht so leicht, eine verängstigte Maus in einer Küche mit verängstigten Köchen zu finden. Jedesmal, wenn einer der Köche glaubte, die Maus entdeckt zu haben, warf er etwas nach ihr. Es regnete Kartoffeln, Möhren und Eier. Die Maus blieb in ihrem Versteck. Zwar zielten die Köche miserabel, aber irgendwann würden sie vielleicht doch einmal treffen.

„Kunibert, wo bist du?" rief Klein-Peter und kroch auf allen Vieren am Boden herum. Endlich fand er ihn hinter einem Schrank. „RAUS!!!!" begann der Chefkoch. „Pssst!" sagte Klein-Peter und vergaß ganz, daß er mit dem obersten Koch aller Köche sprach. „Wenn wir ihn herauslocken wollen, müssen wir ihm ein Stückchen Käse geben", sagte Klein-Peter. Am liebsten hätte der Chefkoch laut „NEIN" gebrüllt, aber dann wäre die Maus wohl nie unter dem Schrank hervorgekommen. Also mußte er tatenlos zusehen, wie Peter eine Scheibe vom besten Käse abschnitt. „Da", sagte er, als die Maus in seiner Hand saß und an dem Käse knabberte. „Ist sie nicht süß? Vor ihr muß man sich doch nicht fürchten." – „Raus..." der Chefkoch senkte seine Stimme zu einem Flüstern „...aus meiner Küche muß sie aber... bitte..." – „Klar, mach' ich", erklärte sich Klein-Peter einverstanden, und er trug Kunibert nach Hause. Und das ist der Grund, warum der König an diesem Tage statt Torten und Sahne und Creme nur Toast mit Marmelade bekam. Und in Zukunft mußte das Mäuschen Kunibert zu Hause bleiben, wenn Klein-Peter Küchendienst hatte. Aus Dankbarkeit schickte ihm der Chefkoch ab und zu ein Stückchen Käse.

Der Ballon mit dem Gesicht

Karli war mit Großmutter zum Einkauten gegangen. Auf dem Heimweg trafen sie einen Mann, der Luftballons verkaufte. O, waren die schön – einer hatte sogar ein Gesicht! Karli jauchzte vor Freude, als Großmutter fragte: „Welchen möchtest du gerne haben, Karli?" Natürlich wollte Karli den Ballon mit dem Gesicht haben. „Halt ihn fest", riet der Mann, „sonst fliegt er davon!" Karli hielt ihn sehr fest.

Zu Hause in seinem Zimmer band Karli den Ballon an den Bettpfosten. Doch – seltsam: der Ballon hatte jetzt kein lachendes Gesicht mehr, sondern ein trauriges! „Gute Nacht, lieber Ballon", sagte Karli vor dem Schlafengehen. „Mach doch bitte morgen wieder ein fröhliches Gesicht!" Mitten in der Nacht erwachte Karli, weil der Ballon am Bettpfosten zerrte. Als er ihn fester anbinden wollte, zog ihn der Ballon zum Fenster hinaus.

„He!" schrie Karli, „laß mich wieder hinunter!" Er schaute zu dem Ballon hinauf. Der hatte wieder ein lächelndes Gesicht. „Es freut mich, daß du wieder fröhlich bist", sagte Karli, „aber jetzt habe ich Angst. Bitte, bitte, laß mich hinunter!" Da öffnete das Ballongesicht den Mund und sprach: „Leider kann ich nicht anhalten. Das ist unmöglich, es zieht mich immer höher. Vielen Dank, daß du mich losgebunden hast." Karli versuchte zu erklären: „Aber – ich wollte dich fester anbinden!" – „Macht nichts!" sagte das Ballongesicht. „Du hast mir die Freiheit gegeben! Nun sei nicht traurig, wir beide werden jetzt ein wunderschönes Abenteuer erleben. Halte dich gut fest – es geht los!" Die Häuser und Bäume tief unter ihnen sahen schon wie Spielzeug aus. Eine Eule flog vorüber. „Nehmt mich mit!" rief sie und kitzelte Karli mit dem Flügel an der Fußsohle. „O, bitte, hör auf damit!" kicherte Karli, „sonst lasse ich vor Lachen noch den Ballon los!" Die Eule lachte und blieb zurück. Der Ballon aber stieg höher und höher. „Vorsicht!" rief der Ballon, „bleib nicht an der Kirchturmspitze hängen!" Lachend zog Karli die Knie an. War das ein Spaß! „Und was machen wir jetzt?" fragte er, denn das Abenteuer begann ihm zu gefallen.

Es war wunderbar, durch den nachtblauen Himmel zu fliegen – mitten unter den Sternen! „Wir sind schon sehr hoch, nicht wahr?" fragte Karli. „Nicht sehr", antwortete der Ballon. „Wir werden noch viel höher fliegen. Du wirst schon sehen!" Gerade kam der Mond hinter einer Wolke hervor. „Hallo, dort oben!" rief das Gesicht. „Jetzt wird es nicht mehr lange dauern! Endlich konnte ich mich auf den Weg machen!" Karli wunderte sich. Was hatte das Gesicht wohl gemeint? „Bitte?" fragte er, „wohin gehen wir – genau?" Das Gesicht grinste. „Wir gehen meinen Freund besuchen, den Mann im Mond! Vor langer, langer Zeit hat er mich einmal besucht. Er wird sich freuen, dich kennenzulernen!" Karli überlegte von neuem. „Mag er Kinder?" fragte er dann. „Mhm, mhm, mhm", schmunzelte der Ballon. „Ob er Kinder MAG? Er liebt Kinder! Immer scheint er in ihre Schlafzimmer und gibt ihnen Licht. Viele, viele Jahre tut er das nun schon. Er muß unbedingt einmal Ferien machen. Deshalb besuche ich ihn – um ihn zu vertreten. Er kann doch den Mond nicht ohne Gesicht am Himmel stehen lassen!" Karli stimmte zu – das wäre fürchterlich. „Wie lange willst du bleiben?" wollte er wissen. „Vielleicht für immer", antwortete der Ballon. Plötzlich kam ein Flugzeug durch die Luft gerauscht. „Festhalten, Karli!" warnte das Gesicht. „Jetzt werden wir durchgeschüttelt!"

Tatsächlich – gleich darauf schlug Karli einen Salto nach dem anderen. Noch nie hatte er so herrliche Purzelbäume gemacht! Mit großen Augen sah ihm eine Dame aus dem Flugzeug zu, aber als sie es später erzählte, glaubte ihr kein Mensch. Dann war das Flugzeug vorübergeflogen. Karli schwang an seiner Schnur vor und zurück und pendelte langsam aus.

Auf einem Stern machten sie halt, um ein wenig auszuruhen. „Was werden wohl deine Freunde zu diesem Abenteuer sagen?" überlegte der Ballon. „O, ich vergaß, du kommst ja mit mir… oder möchtest du lieber nach Hause?" Karli nickte. Das Gesicht lächelte. „Keine Angst", sagte es, „dann trennen wir uns eben. Lebe wohl, Karli!"

Das Gesicht glitt von dem Ballon herunter und schwebte durch den dunklen Nachthimmel davon. „Leb wohl, leb wohl!" rief Karli. „Wirst du weiterhin mein Freund sein?" Von weit her kam leise die Antwort: „Natürlich! Ich werde immer dein Freund sein!" – „Warte!" rief Karli. „Du hast mir nicht gesagt, wie ich wieder hinunterkomme!" – „Keine Angst", sagte ein zartes Stimmchen hinter ihm. Es war der Stern. Er funkelte und glitzerte wie ein großer Diamant. Karli hatte noch nie etwas so Schönes gesehen. „Ich werde dir helfen", sagte er. „Halte den Ballon an eine meiner scharfen Spitzen, damit ich ein kleines Loch hinein stechen kann. Der Ballon wird langsam kleiner werden und zur Erde zurücksinken – und du mit ihm." Es klang phantastisch, aber es klappte! „Danke!" rief Karli und winkte zurück. Der Stern wurde blasser und blasser, dann war er verschwunden. Die Sonne ging auf – ein neuer Tag begann. Karli konnte schon die Felder und die Bäume sehen. Vor Freude zappelte er in der Luft. Plumps! Er riß die Augen auf: Da saß er ja in seinem eigenen Bett! Hatte er alles nur geträumt? Nein, denn auf der Erde lag der schrumpelige Ballon – und er hatte kein Gesicht mehr. Karli lief zum Fenster: Dort segelte der Mond – sehr blaß, denn die Sonne ging schon auf, aber das Ballongesicht war noch deutlich zu sehen und es lächelte ihn an. Karli winkte und winkte. Das Lächeln des Mondes wurde immer breiter, dann zwinkerte er mit den Augen und verschwand hinter einer Wolke, um bis zum nächsten Abend zu schlafen.

Der König der Vögel

Vor langer, langer Zeit lebte der König der Vögel mit seinen Untertanen im bergigen Hochland von Burma. Eines Tages flog einer seiner Untertanen in die Ebene hinunter. Als er zurückkehrte, rief er alle anderen Vögel zusammen. „Ich habe etwas Wunderbares entdeckt", erzählte er. „In der Ebene gibt es ganze Felder mit Körnern, die nur darauf warten, gefressen zu werden. Welch ein Unsinn, uns hier mühevoll unser Futter zu suchen, wenn man es dort nur aufpicken muß." – „Wir wollen alle in die Ebene fliegen!" zwitscherten die Vögel begeistert. „Bleibt lieber hier, wo ihr sicher seid!" warnte der König der Vögel, denn er war wegen seiner Weisheit zum König gewählt worden. „Die Felder werden von Menschen bewacht. Sie werden euch fangen." Aber die Vögel waren so aufgeregt, daß sie nicht auf seinen weisen Rat hörten. „Wir werden in einer großen Schar fliegen", riefen sie. „Einigkeit macht stark!" Nichts, was der König sagte, konnte sie umstimmen und so flogen sie davon.

Es war ein Reisfeld, das der Vogel entdeckt hatte, und bald ließen sie sich laut tschirpend darauf nieder. Nichts geschah. „Der König hatte unrecht!” riefen sie triumphierend. Aber bald sollten sie sehen, wie recht der König und wie unrecht sie hatten. Die Menschen, die den

Reis gepflanzt hatten, hatten ihn für ihre Familien, aber nicht für die Vögel gepflanzt. Sie kamen mit einem großen Netz und warfen es über die Vögel. Kein einziger konnte entkommen. Sie flatterten und kreischten, aber das Netz war stärker als sie. „Der König hatte recht und wir hatten unrecht", klagten sie.

Im Hochland beobachtete der König voller Unruhe den Himmel. Seine Untertanen blieben sehr lange aus. Zu lange. Irgend etwas mußte geschehen sein. Er beschloß, selbst in die Ebene zu fliegen und nach dem Rechten zu sehen. „Der König kommt", schnatterten die Vögel, „o, bitte, hilf uns!" Der König, welcher nicht nur wegen seiner Weisheit König war, sondern auch wegen seiner Güte, sagte: „Ich kann euch nur helfen, wenn ihr meine Anweisungen genau befolgt." – „Das werden wir, das werden wir", zwitscherten die Vögel eifrig. „Gut", sagte der König, „wenn ich euch das Signal gebe, müßt ihr alle zusammen anfangen, mit den Flügeln zu schlagen und in die Luft aufzusteigen." – „Wir sind soweit!" riefen die Vögel. „Los!" kommandierte der König der Vögel, der nicht nur König war, weil er weise und gut war, sondern auch, weil er so gut kommandieren konnte. Mit einem Rauschen erhoben sich die Vögel in die Luft und trugen das Netz mit sich fort – sie saßen noch immer in der Falle! „Fliegt weiter!" rief der König der Vögel, als diese in Schrecken und Panik gerieten, „folgt mir hinauf ins Hochland!" Das war ein eigenartiger Anblick: Ein Netz voller Vögel flog über den Himmel!

Sicher erreichten sie das Hochland. Aber noch waren sie nicht frei. „Sollen wir für immer in diesem Netz sitzen?” fragten sie einander. „Ich werde Hilfe holen”, versprach der König der Vögel. Er rief die Maus, mit der er befreundet war. „Was kann eine kleine Maus gegen so ein großes Netz ausrichten?” zweifelten die Vögel, als sie sahen, wie die Maus das Netz beschnupperte. Da lief die Maus davon. „Komm zurück!” bettelten die Vögel, „wir wollten dich nicht beleidigen!” Sie fürchteten, nun auch die kleine Hoffnung, befreit zu werden, zu verlieren. Doch ihre Angst war umsonst – bald kam die Maus mit ihrer ganzen Familie zurück. Wozu eine Maus einen Tag braucht, das schaffen zwölf Mäuse in einer Stunde. Sie begannen, die festen Schnüre des Netzes durchzunagen, bis das Loch im Netz so groß war, daß auch der größte Vogel ins Freie schlüpfen konnte. Einer nach dem anderen flogen sie in den Himmel. „Der König hatte recht!” sangen sie dankbar. „Der König hatte recht!”

Leer und vergessen lag das Netz auf der Erde. Wie herrlich war es, frei zu sein. Wie gut war es, einen König zu haben, der gütig genug war, ihre Torheit zu vergeben, und weise genug, auch für unlösbar scheinende Probleme eine Lösung zu finden.

Die drei Wünsche

An einem kalten Winterabend saßen ein Holzfäller und seine Frau vor dem Feuer und wärmten sich die Füße. Sie waren sehr arme Leute und ihr liebstes Spiel war »Ich wünsch' mir was«. „Heute bist du mit dem ersten Wunsch dran", sagte des Holzfällers Frau.

„Ich wünschte, ich hätte ein Paar dicke, wollene Socken, um warme Füße zu bekommen", sagte der Holzfäller und rückte näher ans Feuer. „Ich wünschte, ich hätte ein feines, wollenes Tuch um meine Schulter", sagte seine Frau. „Ich wünschte, ich hätte ein gesatteltes Pferd zum Reiten." – „Ich wünschte, ich hätte ein Kleid aus bedruckter Seide." Ich wünschte.... ich wünschte..... Je mehr sich der Holzfäller und seine Frau wünschten, desto kindischer wurden die Dinge, die sie haben wollten. „Ich wünschte, ich hätte einen goldenen Nagel, um den zerbrochenen Stuhl damit zu reparieren." – „Ich wünschte, ich hätte eine goldene Nadel, um deine Socken damit zu stopfen." – „Ich wünschte, ich hätte ein fliegendes Schwein." – „Ich wünschte, ich hätte eine singende Ente." Aber mehr als alles auf der Welt wünschten sie sich, reich zu sein, um alle Dinge zu kaufen, die ihre Nachbarn hatten. „Wenn unsere Wünsche nur wahr werden könnten!" seufzte die Frau des Holzfällers. Leider geschah das nur in den Märchen. Plötzlich riß der Wind die Türe auf. Der Holzfäller sprang auf, um sie zu schließen. „Frau...." sagte er, „wir haben Besuch. Hol einen Stuhl!"

„Tritt ein", sagte er scheu zu dem kleinen Persönchen, das auf der Türschwelle stand. „Komm rein und wärme dich am Feuer." – „Ich kann nicht bleiben", sagte die Fee – denn die Fremde auf der Türschwelle war tatsächlich eine Fee. „Ich bin gekommen, um dir und deiner Frau drei Wünsche zu gewähren." Der Holzfäller schluckte. Seine Frau schnappte nach Luft und wurde blaß. Sie mußte sich schnell hinsetzen. Vor Überraschung sagten sie keinen Ton, obwohl sie keinen Moment an den Worten der Fee zweifelten. „Ihr habt nur drei Wünsche", sagte die Fee. „Überlegt also gut, bevor ihr euch etwas wünscht." Mit diesen Worten war sie gegangen und ein neuer Windstoß schlug die Tür hinter ihr zu. „Hättest du so etwas geglaubt...?" keuchte die Frau des Holzfällers, als sie ihre Sprache wiederfand. „Drei Wünsche ....ich wünsche....ich wünsche..." Schnell legte ihr der Holzfäller die Hand auf den Mund. „Halt!" sagte er. „Denk daran, was die Fee sagte. Wir haben nur drei Wünsche, die dürfen wir nicht vergeuden." – „Du hast recht, freilich", sagte seine Frau. „Wir wollen beide scharf nachdenken, und morgen abend, wenn wir uns die Füße am Feuer wärmen, wollen wir uns etwas wünschen." In dieser Nacht schliefen beide nicht sehr gut. Sie dachten nach bis zum Morgen. Sie konnten so viel haben, wenn sie sich nur das Richtige wünschten. Am nächsten Abend zündete die Frau das Feuer an, dann holten sie und ihr Mann ihre Stühle herbei und machten sich fertig, um die Wünsche auszusprechen, die ihr Leben ändern sollten.

Die Frau lehnte sich vor und stocherte in den brennenden Holzscheiten. „Das Feuer brennt heute besonders gut", sagte sie, und dann – ohne zu wissen, was sie tat – fügte sie hinzu „ich wünschte, ich hätte eine große Bockwurst, um sie darauf zu braten." Ihr Wunsch wurde erfüllt. Sie bekam eine Wurst.

Der Holzfäller wurde furchtbar wütend. „Du hast einen Wunsch vergeudet!" schrie er und schüttelte seine Faust. „Ich wünschte, diese blöde Wurst wüchse dir aus der Nase!" Und damit war der zweite Wunsch vertan. Die Wurst sprang vom Teller der Frau an die Nase.

Die Frau des Holzfällers schrie entsetzt auf. „Was soll ich tun...was soll ich tun?" weinte sie. „Halt still!" sagte ihr Mann, „ich werde sie dir von der Nase ziehen." Aber es war eine Zauberwurst und er konnte sie nicht herunterziehen. Er konnte sie auch nicht abschneiden. Seine arme Frau barg ihr Gesicht und die Nase mit der Wurst in ihrer Schürze und weinte und weinte. Der Holzfäller tätschelte ihre Schulter. „Na...na.." tröstete er. „Weine nicht..., wir haben ja noch einen Wunsch übrig. Wir können noch immer reich werden. Ich werde dir ein goldenes Kästchen kaufen, das kannst du um die Wurst herumtun. So kannst du sie verstecken." Aber seine Frau weinte nur noch lauter. „Niemand ist so unglücklich wie ich", schluchzte sie.